LES DIEUX DU TENNIS ÉTAIENT CONTRE MOI

Charlie Brown et sa bande (9 titres de 128 pages chacun)

Charlie Brown (16 titres de 64 pages chacun, non disponibles aux États-Unis)

Charlie Brown et sa bande

LES DIEUX DU TENNIS ÉTAIENT CONTRE MOI

Traduit et adapté par Irène Lamarre

Holt, Rinehart and Winston / New York.

Les Éditions HRW ltée

Charles M. Schulz

LES DIEUX DU TENNIS ÉTAIENT CONTRE MOI

Publié en 1981 par **Les Éditions HRW ltée**, Montréal.

Published simultaneously in the United States
by Holt, Rinehart and Winston,
383 Madison Avenue, New York, New York 10017.

Library of Congress Catalog Card Number: 81-85104

ISBN (Canada): 0-03-926260-X
ISBN (U.S.A.): 0-03-061647-6

Dépôt légal 4e trimestre   Imprimé au Canada
Bibliothèque nationale du Québec   1 2 3 4 5   ML   85 84 83 82 81

Composition et montage: Ateliers de Typographie Collette inc.

ÇA SUFFIT! ÉCOUTEZ-MOI!!

JE VEUX QUE TOUS CEUX QUI ONT PRIS DE LA TERRE DE MON MONTICULE LA RETOURNENT TOUT DE SUITE!

JE VEUX QUE MON MONTICULE REDEVIENNE COMME IL ÉTAIT!

IL N'EST PAS **COMME** IL ÉTAIT!!!

MISÈRE! LE POINTAGE EST SOIXANTE-TROIS À ZÉRO...

AVONS-NOUS ENCORE UNE CHANCE DE GAGNER, CHARLIE BROWN?

S'IL Y AVAIT UN TREMBLEMENT DE TERRE ET QUE L'AUTRE ÉQUIPE ÉTAIT ENSEVELIE, NOUS POURRIONS GAGNER PAR DÉFAUT...

NOUS PRÉFÉRONS PERDRE QUE DE GAGNER DE CETTE FAÇON!

PERSONNE NE PEUT DIRE QUE MES JOUEURS N'ONT PAS L'ESPRIT SPORTIF!

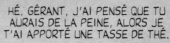

ZUT!

POURQUOI DEVONS-NOUS TOUJOURS PERDRE LA PREMIÈRE PARTIE DE LA SAISON?

HÉ, GÉRANT, J'AI PENSÉ QUE TU AURAIS DE LA PEINE, ALORS JE T'AI APPORTÉ UNE TASSE DE THÉ.

UNE TASSE DE **THÉ**?

JE T'AI AUSSI APPORTÉ LA BALLE...

※ SOUPIR ※

LA PARTIE EST FINIE... TU NE RETOURNES PAS CHEZ TOI?

JE RESTE COUCHÉ ICI JUSQU'À LA FIN DU MONDE!

UN JOUR ON VENDRA LE CHAMP POUR FAIRE UN PARC DE STATIONNEMENT ET JE SERAI ENCORE ICI... JE LES LAISSERAI MÊME ME RECOUVRIR D'ASPHALTE!

QUAND LES GENS VIENDRONT STATIONNER LEURS VOITURES ILS DEMANDERONT CE QU'EST CETTE BOSSE DANS LE PAVAGE, CE SERA MOI!!

À DEMAIN, CHARLIE BROWN

C'EST TOUT CE QUE JE SUIS CAPABLE D'ÊTRE... UNE BOSSE DANS UN PARC DE STATIONNEMENT!

C'EST TROP FORT!

POURQUOI NE PORTES-TU PAS LA CHEMISE QUE TU AS REÇUE EN CADEAU À NOËL?

IL Y A DES ÉPINGLES DEDANS!

TU NE PEUX PAS LES ENLEVER?

IL Y A AUSSI DES ÉTIQUETTES.

TU NE PEUX PAS LES ÔTER?

IL FAUT LES COUPER.

COUPE-LES!

ÇA PREND DES CISEAUX.

IL Y EN A AU MOINS CINQ PAIRES DANS LA MAISON...

JE NE SAIS PAS OÙ ELLES SONT.

ET PUIS, JE SUIS CERTAIN QUE LA CHEMISE EST DÉJÀ TROP PETITE!

LE DÎNER EST SERVI!

IL Y A DE LA PLACE ICI, CHÉRI...

VEUX-TU GOÛTER À MON SANDWICH AU BEURRE D'ARACHIDE, LINUS?

NON MERCI... J'EN AI UN.

JE SUIS CONTENTE DE DÎNER AVEC TOI!

TU NE DÎNES PAS AVEC MOI, NOUS SOMMES ASSIS SUR LE MÊME BANC, C'EST TOUT.

À QUOI JOUENT LES GARÇONS?

AU SOCCER... ILS DOIVENT FRAPPER LE BALLON JUSQU'AU BOUT DU CHAMP, ET...

BONG!

T'ES-TU FAIT MAL, LINUS?

MISÈRE!

PAUVRE PETIT BÉBÉ! ♡ MIOUM ♡

?!

J'AIMERAIS VOIR L'INFIRMIÈRE, S'IL VOUS PLAÎT... J'AI ÉTÉ FRAPPÉ PAR UN BALLON DE SOCCER! NON, JE N'AI PAS MAL À LA TÊTE...

C'EST À CAUSE DU BAISER... J'AI DU BEURRE D'ARACHIDE DANS L'OEIL!

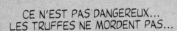

AUTREFOIS ON UTILISAIT LES PORCS POUR TROUVER LES TRUFFES...

R'NIF R'NIF R'NIF

SAIS-TU POURQUOI ON SE SERT DES CHIENS MAINTENANT?

DÈS QUE LE PORC AVAIT TROUVÉ UNE TRUFFE, IL ESSAYAIT DE LA MANGER...

LE COCHON!

FLAIRES-TU UNE TRUFFE, SNOOPY?

TU VEUX QUE JE CREUSE ICI? TU ES CERTAIN?

SI VOUS TROUVEZ QUELQUE CHOSE, N'OUBLIEZ PAS QUE VOUS CREUSEZ SUR **NOTRE** PROPRIÉTÉ!

J'AI DIT, SI VOUS TROUVEZ QUELQUE CHOSE, N'OUBLIEZ PAS QUE VOUS CREUSEZ SUR **NOTRE** PROPRIÉTÉ!

EN FAIT, C'EST LA FERME DE MON GRAND-PÈRE...

JE M'EXCUSE... JE NE PENSAIS PAS QUE J'ÉTAIS SUR UNE PROPRIÉTÉ PRIVÉE... NOUS CHERCHONS DES TRUFFES...

VOUS EN AVEZ TROUVÉ UNE.

OUI?

C'EST MON NOM... TRUFFE!

C'EST PAS VRAI!

«TRUFFE» EST UN NOM BIZARRE, N'EST-CE PAS?

NON, JE TROUVE ÇA PLUTÔT JOLI.

MON GRAND-PÈRE M'AIME BEAUCOUP... IL DIT QUE JE SUIS AUSSI RARE QU'UNE TRUFFE... ALORS IL M'APPELLE «TRUFFE»

BIEN, MOI JE M'APPELLE LINUS, ET VOICI SNOOPY... C'EST UN CHIEN EXCEPTIONNEL...

SAIT-IL FAIRE DES TOURS?

TU VOIS CETTE PIÈCE? REGARDE-LA BIEN...

Tu es belle, mon amie,
tu es belle.
Tes cheveux sont comme
un troupeau de chèvres
dévalant la montagne
de Galaad.

QU'EST-CE QUE C'EST?

«CHER LINUS... JE REGRETTE QUE TU N'AIES PU ÊTRE AVEC NOUS AUJOURD'HUI... SNOOPY ET MOI AVONS FAIT UN BEAU PIQUE-NIQUE À LA VIEILLE ÉTABLE... BAISERS, TRUFFE»

TU ES ALLÉ VOIR TRUFFE ET TU NE M'AS PAS AMENÉ!! ESPÈCE DE FAUX JETON!!!

TRICHEUR! TRAÎTRE! VOLEUR!

LE VOISINAGE DEVIENT BEAUCOUP TROP BRUYANT!

Cher Truffe,
Je regrette de n'être pas allé te voir mais je ne suis pas certain de pouvoir retrouver ta maison.

J'ai un "ami" qui pourrait m'indiquer le chemin mais il ne veut pas.

Certains "amis" deviennent parfois des faux frères!

☆ SOUPIR ☆

HI HI HI HI

JE DOIS PARLER À TRUFFE POUR LUI EXPLIQUER...

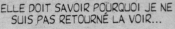

ELLE DOIT SAVOIR POURQUOI JE NE SUIS PAS RETOURNÉ LA VOIR...

?

QUE FAIS-TU QUAND TU VEUX PARLER À QUELQU'UN ET QU'IL NE RÉPOND PAS AU TÉLÉPHONE?

COMPOSE PLUS FORT!

HÉ, TÊTE DE BOIS, QUELQU'UN QUI S'APPELLE «TRUFFE» VEUT TE PARLER!

ALLÔ, LINUS? JE T'APPELLE POUR TE DIRE AU REVOIR... JE QUITTE LA FERME DE GRAND-PAPA DEMAIN... JE RETOURNE CHEZ MES PARENTS...

MAIS JE N'AI PAS PU TE REVOIR! JE NE SAVAIS PAS COMMENT TROUVER LA FERME! JE VOULAIS ALLER TE VOIR, MAIS JE N'AI PAS TROUVÉ LE CHEMIN!

J'EN CONNAIS QUI N'ONT PAS TON PROBLÈME!

CRÉTIN DE BEAGLE!

TU AS FAIT RATER MON ROMAN D'AMOUR AVANT QU'IL COMMENCE!

POURQUOI LES CHIENS N'**AIDENT**-ILS PAS LES GENS AU LIEU DE LEUR **NUIRE**?!

IL FAUDRAIT D'ABORD RÉGLER CETTE PETITE QUESTION À PROPOS DE NOTRE DROIT DE VOTE...

TU N'AS JAMAIS VRAIMENT AIMÉ TRUFFE!

MOI, JE L'AIMAIS POUR ELLE-MÊME!

TOI, TU ALLAIS LA VOIR PARCE QU'ELLE TE DONNAIT DES BISCUITS!

BON DIEU, QUE CES BISCUITS VONT ME MANQUER!

NE COMPTE PAS TROP SUR MOI AUJOURD'HUI, CHARLIE BROWN...

JE SUIS LA VICTIME D'UNE COURTE ET TRISTE HISTOIRE D'AMOUR!

BOUH!

C'EST DIFFICILE D'ATTRAPER UNE BALLE EN FLÈCHE AVEC DES LARMES DANS LES YEUX...

IL N'Y A PERSONNE DANS NOTRE ÉQUIPE QUI PEUT ATTRAPER UNE BALLE EN FLÈCHE **SANS** LARMES DANS LES YEUX!

JE L'AI!

DU MOINS, JE PENSE QUE JE L'AI!

QUI SAIT? ET PUIS, TOUT LE MONDE S'EN FOUT! QUAND TU AS PERDU TON AMOUR TU AS TOUT PERDU... PLUS RIEN NE COMPTE!

QUI L'A ATTRAPÉE? BONNE QUESTION! JE L'AI! TU L'AS! PERSONNE NE L'A! ET TOUT LE MONDE PERD EN FIN DE COMPTE!

BONK!!

JE VAIS CRAQUER... JE N'EN PEUX PLUS!

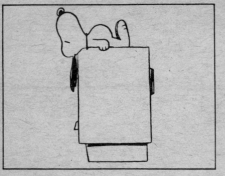

JE VEUX TE POSER
UNE QUESTION...

QU'EST-CE QUI TE FAIT
CROIRE QUE BEETHOVEN EST
SUPÉRIEUR À ELTON JOHN?

FÉLICITATIONS!!

VOICI TON TROPHÉE!!

TU VIENS DE GAGNER LE
TROPHÉE DE LA QUESTION LA
PLUS STUPIDE DE L'ANNÉE!

TU RECEVRAS AUSSI UN DIPLÔME
À TON NOM ET DEUX BILLETS
POUR UN SPECTACLE
QUELCONQUE!

J'AURAIS AIMÉ PRONONCER
UN DISCOURS DE
REMERCIEMENT MAIS J'AI
EU PEUR DE GAGNER UN
AUTRE TROPHÉE!

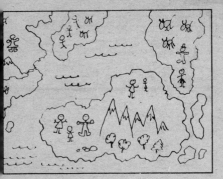

POC POC POC POC POC POC POC POC

C'EST POUR MA CLASSE... JE DESSINE UNE CARTE DU MONDE ENTIER...

JE DOIS DESSINER TOUS LES PAYS, TOUTES LES CAPITALES, LES MONTAGNES, LES RIVIÈRES LES ARBRES, LES ROCHES ET LES GENS!

POC POC POC POC POC POC POC POC POC POC POC

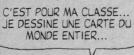

LE PLUS DIFFICILE EST DE FAIRE LES YEUX...

JE METS AUSSI TOUS LES CHIENS, LES CHATS ET LES INSECTES... SAIS-TU COMBIEN IL Y A D'INSECTES DANS LE MONDE ENTIER?

VOILÀ! J'AI FINI! MAINTENANT JE PEUX ALLER ME COUCHER PARCE QUE TOUT EST LÀ...

ELLE S'EMBARQUE TOUJOURS DANS DES PROJETS BIZARRES.

POC POC POC POC POC POC POC POC

JE TE CROYAIS COUCHÉE... TU N'AS PAS FINI?

J'AI OUBLIÉ LES VACHES ET LES CHEVAUX...

SCHULZ

AS-TU VU? C'EST INJUSTE!

J'AI TRAVAILLÉ COMME UN ÂNE POUR CE DEVOIR ET JE RAMASSE UN «C»!

TOUJOURS DES PLAINTES! QUAND CE NE SONT PAS LES ÉLÈVES, CE SONT LES PROFESSEURS OU LE PRINCIPAL OU ENCORE LE CONCIERGE!

UN JOUR, J'AIMERAIS LES SURPRENDRE TOUS DANS UNE MÊME SALLE ET LEUR LAISSER TOMBER LE PLAFOND SUR LA TÊTE.

IL PLEUT!

LES NUAGES CRÈVENT ET LA DOUCE PLUIE TOMBE...

IL PLEUT, IL PLEUT, IL PLEUT!

L'HERBE CROIT TOUT CE QUE TU LUI DIS!

LE PREMIER FRAPPEUR EN A FRAPPÉ UNE PAR DESSUS MA TÊTE...

LE SECOND L'A FRAPPÉE DEVANT MOI...

LE TROISIÈME A FRAPPÉ À MA GAUCHE; LE QUATRIÈME À MA DROITE...

JE ME DEMANDE OÙ VA FRAPPER LE PROCHAIN FRAPPEUR...

J'AIMERAIS VRAIMENT ÊTRE QUELQU'UN!

J'AIMERAIS ALLER DANS DES TOURNOIS OÙ TOUT LE MONDE DIRAIT... «QUI EST CE GARS EXTRAORDINAIRE?»

ÇA PEUT ARRIVER UN JOUR, CHARLIE BROWN...

PEUT-ÊTRE AUSSI QU'UN JOUR J'ÉPOUSERAI OLIVIA NEWTON-JOHN!

ENCORE LE MÊME SANDWICH, CE QUE LA VIE EST DÉPRIMANTE!

TIENS, CHARLIE BROWN... ESSAIE ÇA...

QU'EST-CE QUE C'EST?

UN BEIGNE AU BEURRE D'ARACHIDE!

SI TU M'OFFRAIS UNE ROSE AUTRICHIENNE, SAIS-TU CE QUE CELA VOUDRAIT DIRE?

CELA VOUDRAIT DIRE «VOUS ÊTES PLUS QUE JOLIE»... ET UNE ROSE LA FRANCE VOUDRAIT DIRE «JE T'ATTENDS SOUS LE CLAIR DE LUNE»

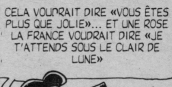

UNE ROSE SOLEIL D'OR ME DIRAIT QUE TU M'ADORES!

ET PAS DE ROSE DU TOUT?

CE N'EST PAS DANS LE LIVRE!

VOICI JO MOTO-CROSS!

QU'EST-CE QUI T'ES ARRIVÉ, JO? TU ES DISPARU DANS LA FUMÉE...

AS-TU MANQUÉ UN VIRAGE?

NON, JE PORTE TOUJOURS UNE CLÔTURE À NEIGE AUTOUR DE LA JAMBE!

SCHULZ

SAIS-TU CE QUE HERMAN MELVILLE DISAIT?

IL DISAIT «POUR FAIRE UN GRAND LIVRE, VOUS DEVEZ CHOISIR UN GRAND THÈME»

Le chien

SCHULZ

À QUOI PENSES-TU, CHUCK?

JE PENSAIS À QUELQUE CHOSE QUE MON PÈRE M'A RACONTÉ...

MON PÈRE M'A DIT QUE LORSQU'IL ÉTAIT JEUNE ET QUE SES PARENTS SORTAIENT POUR LA SOIRÉE, IL RESTAIT À LA MAISON AVEC SA GRAND-MÈRE...

SON PÈRE LUI DONNAIT QUINZE SOUS POUR QU'IL AILLE AU RESTAURANT DU COIN ACHETER UN HAMBURGER POUR SA GRAND-MÈRE ET DEUX POUR LUI.

SON PÈRE LUI DONNAIT AUSSI TRENTE CENTS POUR ALLER AU CINÉMA AVEC SA GRAND-MÈRE... À CETTE ÉPOQUE, IL Y AVAIT TOUJOURS UN FILM DRÔLE, UN COURT MÉTRAGE, DES NOUVELLES PUIS LE FILM PRINCIPAL...

À LA FIN DES NOUVELLES ON ÉCRIVAIT TOUJOURS «FIN», ET PAPA ME DISAIT QU'IL AVAIT PEUR QUE SA GRAND-MÈRE CROIT QUE C'ÉTAIT LA FIN DU FILM...

ALORS À CHAQUE FOIS, IL LUI DISAIT «ÇA VEUT SEULEMENT DIRE QUE LES NOUVELLES SONT FINIES, GRAND-MAMAN... LE VRAI FILM S'EN VIENT!» ET ELLE RÉPONDAIT TOUJOURS «OUI, JE SAIS»...

BIEN DES ANNÉES PLUS TARD, MON PÈRE A RÉALISÉ QUE SA GRAND-MÈRE ÉTAIT BIEN PLUS INTELLIGENTE QU'IL LE CROYAIT...

OÙ VEUX-TU EN VENIR AVEC TON HISTOIRE, CHUCK?

TU SAIS CE QUI EST PLUS IMPORTANT QUE LE BASEBALL? L'AMOUR!!

JE SUIS D'ACCORD! JE N'AI JAMAIS DIT QUE LE BASEBALL EST PLUS IMPORTANT QUE L'AMOUR!

TU N'AS PAS DIT ÇA?

NON, JE N'AI PAS DIT ÇA! MAINTENANT VAS-TU ME LAISSER LA PAIX QUE JE PUISSE LANCER?!!

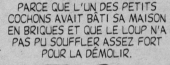

PEUT-ÊTRE QUE LE BASEBALL **EST** PLUS IMPORTANT QUE L'AMOUR...

AINSI LES TROIS PETITS COCHONS FURENT SAUVÉS!

PARCE QUE L'UN DES PETITS COCHONS AVAIT BÂTI SA MAISON EN BRIQUES ET QUE LE LOUP N'A PAS PU SOUFFLER ASSEZ FORT POUR LA DÉMOLIR.

JE CROIS QUE TU AS OUBLIÉ QUELQUE CHOSE.

À LA FIN DE L'HISTOIRE DES TROIS PETITS COCHONS, LE LOUP TOMBE DANS UNE MARMITE D'EAU BOUILLANTE...

TU N'AS DONC PLUS À T'INQUIÉTER...

SON PETIT-FILS VEUT PEUT-ÊTRE LE VENGER!

JE SAIS COMMENT TROMPER LE LOUP QUI VEUT DÉMOLIR TA NICHE EN SOUFFLANT DESSUS.

NOUS ALLONS FAIRE DES LIGNES UN PEU PARTOUT POUR IMITER LA BRIQUE, TU VOIS?

COMME ÇA IL N'ESSAIERA PAS... LES LOUPS NE SONT PAS BRILLANTS...

CHANCEUX COMME TOUJOURS JE VAIS TOMBER SUR UN LOUP QUI A UN Q.I. DE 180!

C'EST ASSEZ POUR DÉBRANCHER VOTRE COUVERTURE CHAUFFANTE!!

JE SUIS CONTENT DE VOIR QUE TU NE T'EN FAIS PLUS À PROPOS DES LOUPS.

MA GRAND-MÈRE DISAIT QUE TU PEUX GÂCHER TA VIE À T'INQUIÉTER DE CHOSES QUI N'ARRIVERONT JAMAIS.

QUEL CHIEN!

LA DERNIÈRE FOIS QU'ON L'A VUE ELLE COURAIT APRÈS CINQ LIÈVRES SUR L'AUTOROUTE DES LAURENTIDES...

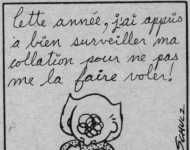

Chère maman,

Quelques mots pour te souhaiter une heureuse Fête des Mères.

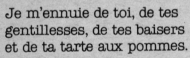

Je m'ennuie de toi, de tes gentillesses, de tes baisers et de ta tarte aux pommes.

IL EST DIFFICILE DE CROIRE QUE TA MÈRE FAISAIT DES TARTES AUX POMMES...

IL A RAISON...

MAMAN FAISAIT PARTIE D'UNE TROUPE DE THÉÂTRE ET ELLE N'AVAIT PAS BEAUCOUP DE TEMPS POUR CUISINER!

VLING!

JE LUI AI ENCORE PASSÉ UN AS!

ARRÊTE! IL Y A UN INSECTE QUI TRAVERSE LE COURT!

DÉPÊCHE-TOI, MOUCHERON! TU VAS TE FAIRE ÉCRASER! AVANCE, TU ARRÊTES LA PARTIE!

QUOI?

ZÉRO-TRENTE... ET NOUS SOMMES QUATRE À QUATRE DANS LE PREMIER SET!

JE CROIS QU'IL A VOULU DIRE, «SI VOUS FRAPPEZ ENCORE VOTRE BALLE DANS MON NID, JE VAIS REVENIR VOUS CASSER LES BRAS!»

CHAQUE SPECTATEUR SE PREND POUR UN EXPERT!

ARRÊT!

TU SAIS DE QUOI TU AS BESOIN, CHARLIE BROWN? TU AS BESOIN D'UN SURNOM!

NOUS NE POUVONS PAS CONTINUER À CRIER, LANCE-LA CHARLIE BROWN... CE N'EST PAS ASSEZ SPECTACULAIRE. TU AS BESOIN D'UN SURNOM.

ON DEVRAIT T'APPELER CARABINE, MITRAILLEUSE, FUSÉE, TONNERRE OU ÉCLAIR...

JE PENSE QUE J'AIMERAIS ÇA... SI TU EN TROUVES UN, CRIE-LE...

PARFAIT!

LANCE-LA, TÊTE DE NOIX!

SCHOLZ

AU REVOIR, SALLIE...

AU REVOIR, GRAND-FRÈRE! AMUSE-TOI BIEN AU CAMP... SI TU PEUX!

JE SUIS CONTENTE DE NE PAS Y ALLER...

LES SEULS VOYAGES QUE J'AIME SONT CEUX DONT VOUS ÊTES DE RETOUR À MIDI!

ALLÔ, SALLIE? TON FRÈRE EST-IL LÀ?

NON, IL EST PARTI AU CAMP.

AU CAMP?! QU'EST-CE QU'IL VA FAIRE LÀ? MAIS ÇA N'A PAS D'IMPORTANCE, C'EST À SNOOPY QUE JE VEUX PARLER... EST-IL LÀ?

C'EST POUR TOI, IMBÉCILE!

SI C'EST LE GÉNÉRAL PERSHING, DIS-LUI QUE J'AI DROIT À UN CONGÉ DE TROIS JOURS.

HÉ, ROY, ÉCOUTE ÇA!

JOE SHLABOTNIK, MON JOUEUR DE BASEBALL PRÉFÉRÉ A ÉTÉ NOMMÉ GÉRANT DES SIROPS DE VAL D'ÉRABLE! C'EST FANTASTIQUE!!

VAL D'ÉRABLE EST À UN MILLE D'ICI...

C'EST VRAI? PENSES-TU QU'ILS JOUENT LE SOIR?

SÛREMENT... LE TERRAIN DE BASEBALL EST SUR LE COIN D'UNE RUE, C'EST COMME ÇA QU'ILS ONT DE L'ÉCLAIRAGE!

ÇA MARCHE, MARCIE!! TOUT EST ARRANGÉ!

NOUS ALLONS POUVOIR PARTICIPER AU VINGT-HUITIÈME DERBY ANNUEL DES «DEMOIS-AILES»

OÙ ALLONS-NOUS TROUVER UN AVION, MONSIEUR?

J'EN AI DÉJÀ LOUÉ UN, MARCIE...

UN SOPWITH CAMEL!

UN BILLET POUR LA PARTIE, S.V.P.!

BASEBALL CE SOIR

OUI, MADA'AAME... JOE SHLABOTNIK EST LEUR NOUVEAU GÉRANT... IL EST MON HÉROS... JE SUIS VENU ADMIRER SES STRATÉGIES.

HOU! SI PAPA VOYAIT ÇA... C'EST TOUT UN STADE...

SEC A

TOUT EST EN BOIS!

ADMIRE-LE, MARCIE! C'EST DANS CET AVION QUE NOUS ALLONS GAGNER LE DERBY DES «DEMOIS-AILES»!

IL EST SUPERBE, MONSIEUR

SON MOTEUR DÉVELOPPE CENT CINQUANTE CHEVAUX VAPEUR, ET LE RÉSERVOIR CONTIENT TROIS CENT SOIXANTE-TREIZE LITRES!

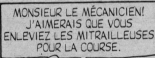

MONSIEUR LE MÉCANICIEN! J'AIMERAIS QUE VOUS ENLEVIEZ LES MITRAILLEUSES POUR LA COURSE.

NOUS NOUS SERVONS RAREMENT DE MITRAILLEUSES DANS LE DERBY DES «DEMOIS-AILES»! HA HA HA HA!!

DRÔLE DE FILLE! CURIEUX SENS DE L'HUMOUR...

VAS-Y JOE!

ES-TU FOU, BAQUET?

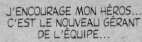

J'ENCOURAGE MON HÉROS... C'EST LE NOUVEAU GÉRANT DE L'ÉQUIPE...

IL DONNE L'ALIGNEMENT DES JOUEURS À L'ARBITRE, C'EST TOUT!

VAS-Y, JOE! T'ES CAPABLE!!

MONSIEUR, J'AI UNE QUESTION...

COMMENT ALLONS-NOUS FAIRE POUR TROUVER NOTRE CHEMIN DE TERRE-NEUVE À LA COLOMBIE BRITANNIQUE QUAND NOUS SERONS DANS LES AIRS?

AVEC UNE CARTE! QUE PEUT-ON FAIRE D'AUTRE?

JE CROYAIS QUE NOUS NAVIGUERIONS AU PIF, MONSIEUR!

JE SENS QUE JE NE POURRAI PAS TE «PIFFER» LONGTEMPS, MARCIE?

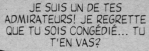

JE SUIS UN DE TES ADMIRATEURS! JE REGRETTE QUE TU SOIS CONGÉDIÉ... TU T'EN VAS?

VEUX-TU AUTOGRAPHIER MA BALLE AVANT QUE L'AUTOBUS PARTE? TU SERA TOUJOURS MON HÉROS!

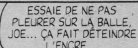

ESSAIE DE NE PAS PLEURER SUR LA BALLE, JOE... ÇA FAIT DÉTEINDRE L'ENCRE...

PEUX-TU TE DÉPÊCHER À SIGNER, JOE? L'AUTOBUS PART, JOE! PEUX-TU ME LANCER LA BALLE?!

L'AUTOBUS S'EN VA! LANCE LA BALLE, JOE! LANCE LA BALLE!!!

VOICI LE SIGNAL DU DÉPART, MARCIE!

NOUS NOUS ENVOLONS POUR LE VINGT-HUITIÈME DERBY ANNUEL DES «DEMOIS-AILES»!!

J'AI OUBLIÉ LES CARTES, MONSIEUR! J'AI OUBLIÉ LE CHRONO! J'AI OUBLIÉ LES SANDWICHES! J'AI OUBLIÉ MA BROSSE À DENTS! J'AI OUBLIÉ MON APPAREIL PHOTOGRAPHIQUE!

J'AI OUBLIÉ DE TE LAISSER À LA MAISON, MARCIE!

EH BIEN, NOUS SOMMES RENDUES À SEPT-ÎLES, MONSIEUR!

JE SUIS CREVÉE, MARCIE... C'EST DUR DE PILOTER UN AVION TOUTE LA JOURNÉE... TROUVONS UN MOTEL POUR DORMIR

CET ENDROIT A L'AIR TRÈS BIEN, MONSIEUR...

L'AS DE LA 1RE

Motel

PISCINE
SALLE À MANGER
SALLE DE DANSE

MONTRÉAL, THUNDER BAY...

SAINT-BONIFACE, RÉGINA, CALGARY ET ENFIN VICTORIA

NOUS SOMMES AU-DESSUS DE REGINA, MONSIEUR.

TU ES UN BON NAVIGA-TEUR, MARCIE! JE SUIS SÛRE QUE NOUS TENONS UNE BONNE PLACE DANS LE VINGT-HUITIÈME DERBY ANNUEL DES «DEMOIS-AILES»!

UNE CHOSE CERTAINE, MONSIEUR... NOUS SOMMES LES SEULES À VOLER EN SOPWITH CAMEL.

TIENS-TOI BIEN, NOUS ALLONS ATTERRIR...

SALUT, MÉCANICIEN, NOUS ARRIVONS DE SAINT-BONIFACE ET NOTRE MOTEUR CLAQUE UN PEU... PEUX-TU REGARDER ÇA?

BANG!

QU'EST-CE QUE TU AS MARCIE?

JE NE SAIS PAS, MONSIEUR... JE ME SENS UN PEU FATIGUÉE ET DÉPRIMÉE... LE VOYAGE A ÉTÉ LONG...

PAUVRE PETITE CHÉRIE

♡ MIOUM ♡

JE ME SENS MIEUX MAINTENANT MONSIEUR!

UN BON MÉCANICIEN SAIT COMPRENDRE LES AVIONS ET LES FEMMES, MARCIE!

EN AVANT POUR CALGARY

SCHULZ

C'EST LA DERNIÈRE ÉTAPE DU DERBY, MARCIE...

AUJOURD'HUI NOUS ARRIVERONS À VICTORIA POUR LA FIN DE LA COURSE, IL VA Y AVOIR UN GRAND DÎNER EN NOTRE HONNEUR!

QU'EST-CE QUE TU FAIS DANS NOTRE AVION?!

VOICI L'AS DE LA PREMIÈRE GUERRE MONDIALE QUI DÉCOLLE EN MISSION SPÉCIALE...

SORS DE NOTRE AVION, NOUS DEVONS PARTIR!

CES FILLES DE LA CAMPAGNE S'EXCITENT BEAUCOUP QUAND ELLES VOIENT UN AS DE L'AVIATION.

TU NOUS AS FAIT PERDRE LA COURSE!

NOUS AURIONS DÛ ATTERRIR HIER! NOUS AVONS PERDU LA COURSE.

JE VAIS T'ÉTRIPER!!

AARK!

VOICI L'AS DE LA PREMIÈRE GUERRE MONDIALE DANS UN CORPS À CORPS DÉSESPÉRÉ À MILLE MÈTRES DANS LES AIRS AU-DESSUS DE LA FRANCE...

TU VEUX UNE BALLE AUTOGRAPHIÉE, MOUCHERON?

VIENS LA PRENDRE...

HUM HUM!

L'AS DE LA GUERRE 14-18 VIENT DE FRAPPER!

MARCIE ET MOI AVONS FAILLI GAGNER LE DERBY, CHUCK...

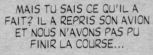

MAIS TU SAIS CE QU'IL A FAIT? IL A REPRIS SON AVION ET NOUS N'AVONS PAS PU FINIR LA COURSE...

J'AI LOUÉ SON AVION UN DOLLAR, ET JE NE PEUX MÊME PAS REPRENDRE MON DOLLAR PARCE QU'IL L'A DÉPENSÉ EN BISCUITS...

LA VIE EST DIFFICILE!

MARCIE, ON DIRAIT QUE TU N'AIMES PAS LE BASEBALL?

JE DÉTESTE LE BASEBALL, MONSIEUR... JE JOUE DANS VOTRE ÉQUIPE POUR NE PAS VOUS OFFENSER.

VA DONC À L'ARRÊT-COURT ET ESSAIE D'OFFENSER QUELQUES BALLES!

VOUS AVEZ LE TOUR DE DIRE LES CHOSES, MONSIEUR!

MONSIEUR, LES JOUEURS DE L'ÉQUIPE DE CHUCK ONT DES CASQUETTES ET NOUS N'EN AVONS PAS!

AS-TU REMARQUÉ QU'ILS PERDENT TOUT LE TEMPS? PRÉFÈRES-TU GAGNER DES PARTIES OU AVOIR UNE CASQUETTE, MARCIE?

GAGNER NE M'INTÉRESSE PAS, MONSIEUR... JE PRÉFÈRE AVOIR UNE CASQUETTE.

T'ES BIZARRE, MARCIE!!!

NOUS VOUS AVONS ENCORE BATTUS, LUCILLE...

ÇA FAIT RIEN... VOUS AVEZ GAGNÉ, MAIS NOUS AVONS DES CASQUETTES!

VOYEZ COMME ILS RETOURNENT LE FER DANS LA PLAIE, MONSIEUR!

ENCORE RETIRÉE AU BÂTON!

SI J'AVAIS UNE CASQUETTE, MONSIEUR, JE POURRAIS REVENIR AU BANC ET LA JETER PAR TERRE AVEC COLÈRE!

ESSAIE DONC PLUTÔT DE FRAPPER UN COUP SÛR!

SI JE FRAPPAIS UN COUP SÛR, JE POURRAIS LANCER MA CASQUETTE DANS LES AIRS!

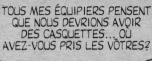

ENCORE UNE?!

UNE PURE MERVEILLE, MONSIEUR...

VOYONS MARCIE! ÇA NE FERAIT MÊME PAS SUR LE BOUT DE MON PETIT DOIGT!!

JE PENSE QUE NOUS ALLONS DEVOIR MESURER VOTRE TÊTE, MONSIEUR...

EXACTEMENT SEPT SUR HUIT, MONSIEUR...

SCHULZ

MARCIE?

MARCIE, QUAND VAS-TU ARRÊTER DE FAIRE CES HORRIBLES CASQUETTES?

TU POURRAIS OCCUPER TES SOIRÉES À AUTRE CHOSE... FAIS TES DEVOIRS, LIS, OU BIEN SORS... MARCIE? MARCIE?

OÙ EST TOUT LE MONDE?

SCHULZ

ÉCOUTE ÇA, MARCIE!

«FÊTE DES ENFANTS AU STADE... LES ENFANTS SONT ADMIS GRATUITEMENT ET RECEVRONT EN SOUVENIR UNE CASQUETTE DE BASEBALL»... ÇA Y EST, MARCIE!

C'EST COMME ÇA QU'ON VA AVOIR DES CASQUETTES!

VOUS N'AIMEZ PAS MA DERNIÈRE CRÉATION, MONSIEUR?

DES CASQUETTES GRATUITES AU STADE!

C'EST NOTRE DERNIÈRE CHANCE, MARCIE! LA SEULE FAÇON POUR NOTRE ÉQUIPE DE SE PROCURER DES CASQUETTES.

NOS COÉQUIPIERS DEVRAIENT VENIR EUX AUSSI, MONSIEUR!

ILS VONT SE PERDRE! NON, JE DOIS TOUT FAIRE MOI-MÊME...

BASEBALL

JE VAIS ENTRER ET SORTIR JUSQU'À CE QUE J'AIE NEUF CASQUETTES...

PENSEZ-VOUS QUE VOUS POURREZ FAIRE PARTIE DE L'ÉQUIPE DE BASEBALL DE LA PRISON, MONSIEUR?

HÉ, CHAT STUPIDE...

MAINTENANT QUE J'AI RETROUVÉ MON JEU DE PIEDS ON POURRAIT SE MESURER TOUS LES DEUX?

QU'EST-CE QU'IL Y A, AS-TU PEUR QUE JE T'ABÎME LE PORTRAIT?

IL N'ENTEND RIEN, LES FENÊTRES SONT FERMÉES!

HÉ, CHAT!

MON PETIT AMI VEUT SE BATTRE AVEC TOI!

N'IMPORTE QUAND ET N'IMPORTE OÙ!

SURTOUT À DIX MÈTRES DANS LES AIRS!

SI JE SAIS QU'IL PLEUT? BIEN SÛR...

POURQUOI JE RESTE DEHORS À ME FAIRE MOUILLER? JE NE SAIS PAS...

SI ÇA ME VEXERAIT QUE TU RETOURNES CHEZ TOI? MAIS NON!

TU REVIENS DÉJÀ? POURQUOI?

SON NID ÉTAIT MOUILLÉ!

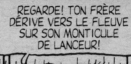
REGARDE! TON FRÈRE DÉRIVE VERS LE FLEUVE SUR SON MONTICULE DE LANCEUR!

SALUE-LE, SALLY... TU NE LE VERRAS PEUT-ÊTRE PLUS JAMAIS...

AU REVOIR, GRAND FRÈRE!

QUI VA NOURRIR LE CHIEN?

SCHULZ

JE DÉRIVE VERS LE FLEUVE SUR UN MONTICULE DE LANCEUR... C'EST INCROYABLE!

CHARLIE BROWN A DES PROBLÈMES, SNOOPY... NOUS DEVRIONS FAIRE QUELQUE CHOSE...

C'EST VRAI!

S'IL N'EST PLUS LÀ POUR ME NOURRIR, JE DEVRAIS PEUT-ÊTRE FAIRE UN JARDIN...

VOYONS... JE POURRAIS METTRE DES TOMATES ICI, DU MAÏS PAR LÀ ET QUELQUES RADIS DANS CE COIN...

SCHULZ

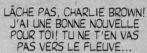

MINUTE!

MINUTE!

QU'EST-CE QU'IL Y A?

AVANT DE COMMENCER À JOUER, CHARLIE BROWN, TU DEVRAIS DEMANDER À LA BALLE SI ELLE VEUT JOUER...

JE DOIS QUOI?

TU DOIS DEMANDER À LA BALLE SI ELLE VEUT JOUER. TU AS DEMANDÉ À L'AUTRE ÉQUIPE, NON? TU AS DEMANDÉ À NOS JOUEURS AUSSI, NON? OUI! BIEN SÛR QUE TU L'AS FAIT!

TU DOIS MAINTENANT DEMANDER À LA BALLE! APRÈS TOUT, C'EST ELLE QUI VA SE FAIRE FRAPPER SANS ARRÊT! ELLE A SON MOT À DIRE!

VAS-Y, CHARLIE BROWN... DEMANDE-LUI SI ELLE VEUT JOUER...

JE ME SENS RIDICULE.

HÉ, BALLE... VEUX-TU JOUER AUJOURD'HUI?

ELLE NE RÉPOND PAS...

ELLE EST EN TRAIN DE SE DÉCIDER... JE RETOURNE CHEZ MOI...

CHEZ TOI?

JE NE VAIS SÛREMENT PAS PERDRE MA JOURNÉE À ATTENDRE QU'UNE BALLE SE DÉCIDE!

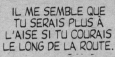

IL ME SEMBLE QUE TU SERAIS PLUS À L'AISE SI TU COURAIS LE LONG DE LA ROUTE.

C'EST TROP DANGEREUX...

LES GENS POURRAIENT ME COURIR APRÈS POUR ME MORDRE!

POURQUOI PAS UN TERRAIN DE GOLF?

TU DEVRAIS ALLER FAIRE TA COURSE AU TERRAIN DE GOLF...

ENCORE UN ENDROIT TROP DANGEREUX...

... JE NE VOUDRAIS PAS ME FAIRE ATTRAPER PAR UNE TRAPPE DE SABLE!

J'AI UNE SURPRISE POUR TOI...

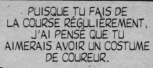

PUISQUE TU FAIS DE LA COURSE RÉGULIÈREMENT, J'AI PENSÉ QUE TU AIMERAIS AVOIR UN COSTUME DE COUREUR.

LE VOICI... TU PEUX L'ESSAYER...

ON DIRAIT QU'IL EST UN PEU GRAND...

C'EST DOMMAGE QUE TON COSTUME SOIT TROP GRAND...

JE DÉTESTE FAIRE DES ÉCHANGES AU MAGASIN...

ESSAIE DONC DE ROULER UN PEU LES MANCHES ET LE BAS DU PANTALON?

J'AI L'IMPRESSION QUE JE VAIS DEVOIR LE RETOURNER.

OÙ EST LE BEAGLE DE PÂQUES?

IL DORT!

TU N'ES PAS ENCORE LEVÉ! VA-T'EN! J'SUIS PAS DANS MON ASSIETTE!

LES ENFANTS DU MONDE ENTIER ATTENDENT LE BEAGLE DE PÂQUES!

TU NE PEUX PAS LES LAISSER TOMBER! POURQUOI PAS? IL FAUT BIEN QU'ILS APPRENNENT LES TRISTES RÉALITÉS DE LA VIE...

TU ES LE BEAGLE DE PÂQUES! TU CONNAIS TON DEVOIR! TU DOIS ALLER PORTER CES OEUFS AUX ENFANTS! J'AI MAL AU COEUR!

IL FAUT DISTRI-BUER CES OEUFS! ARRÊTE DE PARLER DE NOURRITURE... J'AI MANGÉ TROP DE PIZZA HIER SOIR...

TU AS INTÉRÊT À BIEN FAIRE TON TRAVAIL!!

ENFANTS STUPIDES! GRRR, GRR, GRR...

LE BONHOMME SEPT HEURES DE PÂQUES?!

«FLEUR DE MACADAM ARRÊTE À LA FONTAINE.»

«O.K., MERCI POUR LE TUYAU... ST-JOSEPH À LA SORTIE 12...»

«ALLÔ, ICI ROSE TRÉMIÈRE... J'AI LE BOUQUET... PAS DE MONNAIE DU PAPE EN VUE...»

«MERCI, VIEILLE BRANCHE... JE TE REVERRAI DANS LA PLATE-BANDE... VAS-Y, SABOT DE LA VIERGE... JE TE PRENDS SUR 6-12-24.»

DRRING!

ALLÔ? PARDON? OUI, JE COMPRENDS... JE L'AVERTIS TOUT DE SUITE...

LE VOISIN VIENT DE TÉLÉPHONER... TU FAIS MIEUX DE FERMER TON CB!

TOI AUSSI!

«ROSE THÉ SUR 16-8-8... C'EST TOUT POUR CE SOIR?... BONNE NUIT MON CHOU!»

"La lumière"

La lumière voyage à la vitesse de 300 000 kilomètres à la seconde.

Alors pourquoi les après-midi sont-ils si longs?

MONTRE-LUI QUE TU N'AS PAS FROID AUX YEUX, CHARLIE BROWN!

LANCE LUI LA BALLE QUI A VU L'HOMME QUI A VU L'OURS!

QUELLE BALLE QUI A VU L'HOMME QUI A VU L'OURS?

JE NE SAIS PAS... JE TROUVAIS QUE ÇA SONNAIT BIEN.

MADA'AAME?

OUI, J'AI UNE QUESTION...

AVANT QUE L'ANNÉE FINISSE, MADAME, JE VOUDRAIS VOUS PARLER D'UNE CHOSE QUI ME CHICOTE DEPUIS LONGTEMPS.

OH, NON, MADA'AAME! RIEN D'EMBARRASSANT! DIEU M'EN GARDE, COMME ON DIT...

C'EST QUELQUE CHOSE QUI REND LES ÉTUDIANTS FOUS DEPUIS QUE L'ÉCOLE **EXISTE!**

NON, CE N'EST PAS À PROPOS DE BLAISE PASCAL NI DE MARCEL PROUST... JE SAIS TOUT SUR LE PREMIER BIEN QUE JE CONNAISSE ASSEZ MAL LA SECONDE...

NON, C'EST UN PROBLÈME QUI A ASSAILLI CHAQUE ENFANT QUI EST ALLÉ À L'ÉCOLE...

POURQUOI ME POSEZ-VOUS DES QUESTIONS QUAND JE NE CONNAIS PAS LES RÉPONSES ALORS QUE QUAND JE LES CONNAIS VOUS NE M'EN POSEZ JAMAIS?

PSSITT!

AIE!

FLOC
BAM
BOUM!

IL N'Y A QUE WOODSTOCK POUR SE FAIRE
TAPER DESSUS PAR UNE BOÎTE DE VERS!

TU SAIS QUE TU PEUX PASSER LE RESTE DE TA VIE ICI, À ATTENDRE QUE TA MÈRE PASSE...	ELLE EST PEUT-ÊTRE À ANCHORAGE OU DANS LES CARAÏBES OU À TERRE-NEUVE, QUI SAIT...	OU PEUT-ÊTRE QU'ELLE EST DANS UNE CAGE, QUELQUE PART ET...

OH, JE NE VOULAIS PAS DIRE ÇA! COUPE-MOI LA LANGUE!!!

OUBLIE QUE J'AI DIT ÇA!! JE N'AI RIEN DIT!!

LÀ, LÀ, PETIT AMI... C'EST FINI... NE PLEURE PLUS... TA MAMAN N'EST PAS DANS UNE CAGE... NE PLEURE PAS...

BOUHOU!

NOUS ALLONS RESTER ICI TOUS LES DEUX ET ATTENDRE QUE TA MAMAN PASSE, ET TU LUI DONNERAS TA FLEUR...

QUI EST-CE QUI A INVENTÉ CES FÊTES STUPIDES?!

BOUM!
BOUM!

NON, VOUS VOUS TROMPEZ D'ADRESSE... CE N'EST PAS ICI QUE L'ON S'INSCRIT POUR DES COLLATIONS DE MINUIT.

VLAN!

QUE C'EST GÊNANT!

JE REGRETTE, LE RESTAURANT EST FERMÉ.

NOUS N'AVONS PLUS DE PÂTE À CRÊPES NI DE JAMBON TRANCHÉ.

MAIS NOUS N'ALLONS PAS VOUS LAISSER RETOURNER CHEZ VOUS LE VENTRE CREUX...

MANGEZ UN BON CROÛTON!

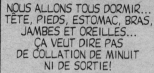

OFFRIR UNE FLEUR C'EST EXPRIMER SON AMOUR!

ET L'ACCEPTER?

C'EST AUSSI UNE PREUVE D'AMOUR.

MAIS PAS TOUJOURS! IL Y A DES FOIS OÙ L'ON ACCEPTE UNE FLEUR POUR NE PAS FAIRE DE PEINE À LA PERSONNE QUI L'OFFRE.

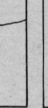

ALORS, JE L'ACCEPTE.

QU'EST-CE QUE ÇA VEUT DIRE QUAND ON LA REPREND?

ÇA PEUT VOULOIR DIRE TOUT CE QUE TU VEUX QUE ÇA DISE!

J'AI PENSÉ À QUELQUE CHOSE...

S-TU DÉJÀ DIT À
NE FILLE QUE TU
AIMAIS, CHUCK?

ET FAIRE RIRE DE MOI EN PLEINE FACE? PAS QUESTION!!

ÇA FAIT MAL SE FAIRE RIRE EN PLEINE FACE.

JE NE COMPRENDS PAS...

BIEN, DIS-MOI QUELQUE CHOSE DE GENTIL ET JE VAIS TE MONTRER...

DIS-MOI QUELQUE CHOSE E TENDRE ET JE AIS TE RIRE EN PLEINE FACE.

JE T'AIME, CHUCK!

HA! HA! HA! HA!

AIE! OH! AIE! TU AVAIS RAISON, ÇA ME FAIT MAL PARTOUT!

AIE! AIE! AIE! C'EST COMME SI J'AVAIS ÉTÉ PIQUÉE PAR DES GUÊPES...

JE FERAIS MIEUX DE M'EN ALLER CHEZ MOI.

JE ME DEMANDE SI ÇA VEUT DIRE QUE JE NE POURRAI JAMAIS DIRE À QUELQU'UN QUE JE L'AIME...

ÇA A ÉTÉ ÉPOUVANTABLE DE TE PARLER, CHUCK.

SOUPIR

SCHULZ

PAF!

BEAU COUP, VIEUX!

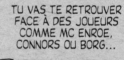

TU PARS POUR WIMBLEDON **MAINTENANT**?

MAIS NOUS SOMMES EN PLEINE NUIT!!

IL FAUT TOUJOURS PARTIR POUR WIMBLEDON PENDANT LA NUIT... SI ON PERD LE PREMIER MATCH, PERSONNE NE LE SAURA JAMAIS.

OÙ VA TON CHIEN EN PLEIN MILIEU DE LA NUIT?

IL PART POUR WIMBLEDON.

JOUER AU TENNIS?

BONNE CHANCE, SNOOPY!!

FAIS-LEUR FAIRE DES FAUTES DE PIEDS!

JE SUIS TRÈS INQUIET POUR MON CHIEN!

IL VIENT DE PARTIR POUR WIMBLEDON... DU MOINS IL **CROIT** QU'IL VA À WIMBLEDON... IL NE SAIT MÊME PAS OÙ C'EST!

COMMENT PEUT-IL CROIRE QU'IL VA SE **RENDRE** LÀ-BAS?

OOOOOO! LE TRAIN DU NORD... TCHOU, TCHOU...

LE TRAIN RALENTIT... JE ME DEMANDE OÙ NOUS SOMMES?

COMMENT, JE NE PEUX PAS VOYAGER ICI? QUI ÊTES-**VOUS**? ALLEZ-VOUS EN OÙ JE VOUS ASSOMME AVEC MA RAQUETTE!!

JE VOUS AI AVERTI!!

ZUT! POURQUOI AI-JE FAIT **ÇA**? BIEN SÛR JE POURRAI EMPRUNTER CELLE D'ARTHUR OU DE JIMMY...

ÉCOUTE CECI, C'EST INTÉRESSANT...

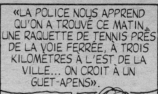
«LA POLICE NOUS APPREND QU'ON A TROUVÉ CE MATIN UNE RAQUETTE DE TENNIS PRÈS DE LA VOIE FERRÉE, À TROIS KILOMÈTRES À L'EST DE LA VILLE... ON CROIT À UN GUET-APENS».

«ON N'A TROUVÉ AUCUNE EMPREINTE DIGITALE MAIS DES MARQUES RESSEMBLANT À DES EMPREINTES DE PATTES SE TROUVAIENT SUR LA RAQUETTE».

«LES AUTORITÉS POLICIÈRES SONT PERPLEXES».

JE N'EN PEUX PLUS...

UNE LETTRE DE SNOOPY!

COMMENT VA-T-IL? OÙ EST-IL? QUE DIT-IL?

«CHER GARÇON À LA TÊTE RONDE»

MON PROPRE CHIEN NE SE SOUVIENT PAS DE MON NOM!

RÉGINA!

OH LA! LA! QUELLE BELLE VILLE!

JE DEVRAIS ENVOYER UNE AUTRE CARTE POSTALE AU GARÇON À LA TÊTE RONDE, POUR LUI DIRE QUE JE VAIS BIEN...

JE ME DEMANDE S'ILS ONT DES CARTES POSTALES À RÉGINA...

«CHER GARÇON À LA TÊTE RONDE...»

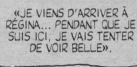

«JE VIENS D'ARRIVER À RÉGINA... PENDANT QUE JE SUIS ICI, JE VAIS TENTER DE VOIR BELLE».

BELLE?

MAIS QUI EST BELLE?

«P.S. DIS BONJOUR DE MA PART À WOODSTOCK».

SAIS-TU QUI EST BELLE?

BELLE?

REGARDEZ, LE DRÔLE DE CHIEN!

ÔTE-TOI DE MON CHEMIN OU JE T'ABÎME LE PORTRAIT!!

CE CHIEN PORTAIT UNE VISIÈRE DE TENNIS...

QUELS IGNORANTS, CES ENFANTS! ILS VIVENT À RÉGINA ET N'ONT JAMAIS VU UNE VISIÈRE DE TENNIS!

CHER GARÇON À LA TÊTE RONDE, JE N'AI PAS ENCORE TROUVÉ BELLE.

J'ÉCRIS CETTE LETTRE DANS UN MAGASIN OÙ ON VEND DES MACHINES À ÉCRIRE.

EN CE MOMENT, LE COMMIS ME REGARDE D'UN AIR TRÈS SOUPÇONNEUX.

QU'EST-CE QU'IL A? JE N'AI DONC PAS L'AIR D'UN CLIENT?

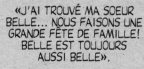

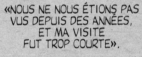

«QUAND TU RECEVRAS CETTE LETTRE, JE SERAI DÉJÀ À BORD D'UN TRAIN EN ROUTE POUR LA MAISON».

«TOUT COMPTE FAIT, JE NE JOUERAI PAS À WIMBLEDON CETTE ANNÉE... J'AI APPRIS QU'ILS ONT COMMENCÉ SANS MOI».

C'EST BIEN FAIT POUR VOUS!!

JE SUIS DÉSOLÉ QUE TU N'AIES PAS JOUÉ À WIMBLEDON.

J'AURAIS GAGNÉ EN CRIANT «LAPIN»!

JE T'AVAIS DIT QUE WIMBLEDON N'EST PAS VOISIN DE RÉGINA!

JE LES SOUPÇONNE DE L'AVOIR DÉMÉNAGÉ POUR M'EMPÊCHER DE JOUER!

ALLÔ, PAPA? JE T'APPELLE POUR TE SOUHAITER UNE JOYEUSE FÊTE DES PÈRES!	QUOI?	TU M'AVAIS LAISSÉ LE NUMÉRO DE TÉLÉPHONE DE TON MOTEL, ET J'AI PENSÉ TE FAIRE UNE SURPRISE!	CE N'EST PAS UN MOTEL ICI!!

EST-CE QUE TU T'AMUSES? LES FILLES SONT À TON GOÛT?	QUI APPELEZ-VOUS?	QUOI?	J'AI DIT, QUI APPELEZ-VOUS? QUI ÊTES-VOUS?

CHUCK! QUE FAIS-TU LÀ?	JE NE SUIS PAS LÀ... JE SUIS ICI! TU AS COMPOSÉ MON NUMÉRO PAR ERREUR...	CHUCK, TU GÂCHES TOUJOURS TOUT!!	J'IMAGINE QUE LE JOUR OÙ JE SERAI PÈRE ÇA SERA PIRE ENCORE...

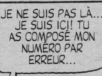

SCHULZ

LE SOLEIL EST ROUGE... IL VA FAIRE BEAU DEMAIN...

«ROUGE LE SOIR, ESPOIR... ROUGE LE MATIN, CHAGRIN».

ROUGE À MIDI... CACHE TON NOMBRIL!

HI! HI!

ROUGE À DIX HEURES RENTRE DE BONNE HEURE!

HI! HI! HI! HI!

ROUGE POUR LE LUNCH... SERS-MOI UN VERRE DE PUNCH! ROUGE TOUT LE JOUR... MÉFIEZ-VOUS DES OURS!

HI! HI! HI! HI! HI! HI! HI! HI! HI! HI!

ROUGE À MINUIT... RÉPARE TON PARAPLUIE!

HI! HI! HI! HI! HI! HI! HI! HI! HI! HI!

BOUM!

ROUGE AU DODO... COMMENT VA TON COCO!

HI! HI! HI! HI!

PFIOU!

JE NE COMPRENDS PAS...

IL FAIT UN TEMPS ÉPOUVANTABLE.

NE CRITIQUE PAS LA CRÉATION, CHARLIE BROWN!

«OÙ ÉTAIS-TU QUAND IL A CRÉÉ LA TERRE? QUI LÈVE LE RIDEAU DE LA NUIT QUAND LES ÉTOILES DU MATIN CHANTENT SA GLOIRE?»

«QUI REFERMA LES FLOTS DE LA MER SUR SES NOMBREUSES CRÉATURES? AS-TU DÉJÀ APERÇU LES CÉLESTES ENTREPÔTS DE NEIGE?»

«NUL SAGE NE PEUT SAVOIR COMBIEN IL Y A DE NUAGES! ET QUI A LE POUVOIR D'OUVRIR LES OUTRES D'EAU DU CIEL!»

«LE BŒUF SAUVAGE DÉSIRE-T-IL TE SERVIR? DONNES-TU SA JUSTE RATION AU CHEVAL? EST-CE TA SAGESSE QUI FAIT S'ENVOLER LE FAUCON ET TOURNER SES AILES VERS LE SUD?»

NE CRITIQUE PAS LA CRÉATION, CHARLIE BROWN!

EST-CE QUE JE PEUX CRITIQUER L'ARBITRE?

SCHULZ

AS-TU L'INTENTION DE PASSER TOUT L'ÉTÉ ASSISE DEVANT LA TÉLÉVISION?

NON, J'AI DÉCIDÉ D'ALLER À LA BIBLIOTHÈQUE MUNICIPALE M'INSCRIRE À UN COURS DE LITTÉRATURE!

HA! HA! HA! HA!

JE VAIS AVOIR DES CRAMPES D'ESTOMAC POUR LE RESTE DE LA JOURNÉE...

J'AIME ALLER CHEZ WOODSTOCK...

MAIS J'AI HORREUR DE PASSER LA NUIT CHEZ LUI.

IL GARDE TOUJOURS LA MEILLEURE CHAMBRE.

ET JE DOIS DORMIR AU GRENIER!

C'EST LA DERNIÈRE FOIS QUE JE DORS CHEZ WOODSTOCK.

D'ABORD, LES OISEAUX SE LÈVENT TROP TÔT LE MATIN...

LEURS SAUTILLEMENTS À LONGUEUR DE JOURNÉE ME DONNENT LE HOQUET...

ET JE DÉTESTE M'ASSEOIR SUR UN FIL TÉLÉPHONIQUE!

JE NE SAVAIS PAS QUE WOODSTOCK FAISAIT UNE FÊTE DANS SA PISCINE!

SCHULZ